어느 거리에 앉아

어느 거리에 앉아

초판 1쇄 발행 2025년 4월 26일

지은이 최민수
펴낸이 장길수
펴낸곳 지식과감성#
출판등록 제2012-000081호

교정 주경민
디자인 김희영
편집 김희영
검수 정은솔, 이현
마케팅 김윤길

주소 서울시 금천구 벚꽃로298 대륭포스트타워6차 1212호
전화 070-4651-3730~4
팩스 070-4325-7006
이메일 ksbookup@naver.com
홈페이지 www.knsbookup.com

ISBN 979-11-392-2534-1(03810)
값 11,000원

지식과감성#
홈페이지 바로가기

어느 거리에 앉아

어느 거리에 앉아
바라본 풍경과
소소한 삶의 이야기들

최민수 시집

지식과감성#

차례

2부 마음으로 보다

3부 여행지에서

4부 저 푸르른 날의 습작

프롤로그

어느 거리에 앉아 바라본 풍경과 소소한 삶의 이야기들. 이 순간 바로 여기도 우리 삶의 어느 거리이겠지. 지나간 날들의 아쉬움과 그리움, 다가올 날들을 위한 다짐과 기대를 엮어 눈으로 느끼고 마음으로 보았던 일상들을 빈 마당에 돌 던지듯 튕겨 두고 가지런히 세워 남긴다.

1부
눈으로 느끼다

기차를 타고

기차를 타는 것은 그냥 좋았다
비둘기, 통일, 무궁화
어쩌다 새마을

어디론가 떠난다는 들뜸과
닿을 곳이 있다는
어딘가에

무심히 창밖을 보거나
책을 펼치거나
졸거나

어느 곳에 멈추어 서서
내리고 오르고
기다릴 뿐

가다가 터널을 만나면
덜커덩 울다가
이별

기차도 그리움 알거니
되돌아 그 터널
재회

회자정리 거자필반
기차도 안다
인생

장작

살아서는 선선함
죽어 따스함 주네

보듬지는 못하여
두 손을 들이미니

수줍게 쓰러지며
하얀 속살 보이네

마른기침 내뱉으며
살포시 당겨 앉아

선한 눈길 던지니
따닥따닥 화답하네

그대 머무는 곳
그 끝은 어디인가?

허수아비 백로

강둑을 걷는데
옹기종기 모여든 백로들

옅은 강바닥에 서서
목마른 허수아비가 되었네

저 멀리 자동차 경적
묻어둔 외발 다리 깨우고

모두가 하나처럼
후드득 본모습을 보이네

다 떠난 빈자리에
덩그러니 혼자 남은 너

말없이 지켜보며
또 말없이 공감하네

다 떠난 빈자리에
홀로 남을 수 있다는

그게 바로 너
아름다운 허재비 백로

고추 일곱

이랑을 만드니 고랑은 덤이고
비닐을 덮어서 심은 고추 일곱

때가 되어 비가 오면 고맙고
한참을 가물면 물을 주고

지주대를 세워 줄을 치고
키가 자랄 때마다 잡아주어

일인 듯 아닌 듯 마음을 두니
저는 저대로 고마워하면서

일곱에 일곱을 곱하더니
그도 부족한 듯 더 내어놓는다

주렁주렁 매달린 고추에는
비의 몫도 해의 몫도 있으니

그저 내가 뿌린 만큼만
마땅히 거두어들이려 하느니

흰머리

흰머리 하나둘 뽑다가
어느 순간 포기

화가 난 흰머리
숭 숭 숭

흰머리 찾는 게 쉽다가
검정이 쉬워지니

아 봄날이여 외치다가
그냥 그대로

봄날이 그렇게 푸르다고
겨울나무 채색하리

그저 그렇게 세월 따라
내 멋 따라 살리라

선글라스

밝거나 어둡거나
즐겨 쓰는 선글라스

선글라스 수집가
아이들이 붙인 별명

마지막 퇴근 날
아들이 내놓은 선물

하얀 테 푸른 알
멋스러운 선글라스

남들은 아마 내가
멋만 부리는 중인 줄

뜨거운 태양 빛
서늘하게 눈 감싸기

어둠이 내리면
윙윙 벌레 차단하기

불편한 속마음
자연스레 덮어두기

아들들 훈련소
애써 눈물 감추기

어쩌다 가끔은
반짝 멋도 불러내

남들은 모르지
아무 때나 선글라스

거울

거울을 들여다본다
한 사람이 있다

얼굴을 찡그린다
내 얼굴이다

거울 밖 내가 웃는다
그의 얼굴이다

거울을 들여다본다
내가 없다

맘 졸여 찾지 않고
거울을 접는다

거울이 비추는 것
인연의 속살

내가 느끼는 만큼
너도 그렇다

거울 속 나는
바로 너

뜻하는 대로

출장 중 강의를 듣는데
뜻하는 대로 안 되는 게 인생이라고
강사님이 한마디 던진다

난 곧바로 튕겨낸다
안 되는 것을 되게 하려는 것보다
할 수 있는 것에 뜻을 두는 것

할 수 있는 것을 가꾸면서
하고 싶은 것을 그리며
만들어 가는 것

뜻하는 대로 안 되는 삶을
뜻대로 하는 삶으로
가꾸고 싶다고

네가 보는 내가 아닌
내가 보는 내
모습으로

뜬구름

새파란 도화지에
흰 구름 걸어와

토끼를 그리다가
뭉실뭉실 지우고

포근한 몸짓으로
무엇을 하려다가

검회색 갈아입고
외출을 준비하네

우당탕 내려앉아
대지를 덧칠하고

서둘러 올라가서
뜬구름 되었구나

잡으려 손 내미니
꾸짖듯 외면할 제

수줍어 태연한 척
먼저 불어 보내네

가지치기

바람 없는 날에
가지 많은 나무
꽃조차 아니 오니

곁가지 눈치 없이
주관을 넘보다가
가차 없이 숙청되고

나 홀로 빛을 탐내
하늘 높이 솟구쳐도
나락으로 떨어지지

이 바람 저 바람에
여기저기 흔들려도
여린 가지로 남아

작은 꽃 몇 개 달고
있는 듯 없는 듯이
숨죽이고 기다리니

마침내 열매 달고
아름답게 휘어져서
달콤함을 흩뿌리네

그림자

늘 함께였는데
어디로 사라졌나

두리번 돌아보니
뒤따르고 있었네

검정 민무늬 옷
나풀나풀 춤추며

지겹지도 않은지
평생을 그 자리

어여쁜 껌딱지
언제나 그 모습

따라쟁이 그대
숨소리도 닮았네

쉬엄쉬엄 가자꾸나
하나 되는 날까지

따스한 입김으로

매일을 깨우는 새벽
쉼 없이 빛나는 별
끝은 보이지 않아

종일 오르고 뛰어도
산 넘어 산이 있고
길 지나 다른 길

노력을 분해해서
저울에 달아보니
과정으로 기우네

저 너머 가는 길
하나둘 맞서있는
촘촘한 봉우리들

어깨를 토닥이며
따스한 입김으로
호호 불어야지

최선을 다한 그대
새벽처럼 별처럼
이미 빛나고 있으니

꽃이 지면

아쉬운 듯 바로 못 내려
흩날리는 분홍 꽃잎

그 흔적 덮으려 따라오니
새하얀 사과꽃

너 가면 또 다른 너 오고
나 없는 곳에 나 있어

지는 꽃 아쉬워 말아라
열매의 시작이니

가는 봄 손 흔들어
미소로 보내자

행여 봄이 아쉬워
되돌아보면

어제보다 내일로
떠나보내자

나 똑같이 다른 봄을
맞이할 테니

자장면

자장면을 먹었다
자장면 먹는 날은 특별한 날

자장면 먹은 흔적 입가에 두고
자랑하려 일없이 동네를 돌던 날

자장면 먹는 아이들 모습에
나도 따라 흐뭇이 추억을 삼키던 날

아이들 떠난 넓은 집에
둘이 먹기 맞춤이던 자장면

연로하신 장모님 자장면 좋아하셔
추억의 물감은 자장면과 단무지

어느 졸업식 입학식 날에
가장 편한 단골손님

오늘 자장면을 먹었다
특별한 날을 또 하루 먹었나

까만색 노란색으로
추억을 그려 담았다

리모컨과 놀다가

소파를 등지고
리모컨과 놀다가

영자 옥순에
눈길이 멎었어

자기소개에
영자가 말하길

회사도 힘들어
인간관계 어려워

그래 그렇지
엷은 미소 짓고

어쩌면 다행
폭망은 없으니까

여린 영혼을
토닥토닥이면서

깊은 한숨을
길게 뽑아 올렸다

셔틀콕

하나둘 전조등 들어와
새벽을 밀어내니

새하얀 셔틀콕 날아
웃음꽃 피우고

넷이서 어우러져
하나가 되니

셔틀콕 그 하나에
우리가 있어

꼬들꼬들 라면과
속 깊은 김밥

마주 보니 즐겁고
함께여서 좋은

넘어지고 일어나
또 그러다가

네모진 마루에서
인연을 담네

손잡고 도서관

촘촘히 쌓인 책
층층이 자리한 사람

편안한 얼굴에
어쩌다 무거운 표정

그 마음 어루만져
꿈을 다듬어 주는 곳

총총 사뿐사뿐
쫑알쫑알 낮은 울림

도서관을 들어서는
아빠와 딸의 하얀 미소

손잡고 도서관
그 모습 참 아름다워라

이미 자란 나무
비틀어 다듬기 어려워

새싹 이끄는 손이
햇살이고 양분이어라

목탁 소리

산사에 절이 있어 발을 들이니
똑 딱 똑 딱 똑 딱

절간의 목탁 소리 너를 깨우고
절 밖의 소리는 나를 깨우고

동분서주 불태운 열정
봇물 터진 상처 속으로 잠기네

절이 싫으면 스님이 절을 떠난다니
그 이유뿐일까?

목탁을 두드릴 힘이 없어도 떠난다
내가 그렇다

절을 떠날 이유는 한 가지가 아님을
변명을 내 상처에 바른다

벽시계

이쁜 다리 사각사각 앞서가니
지켜보는 짧은 다리 하나
걷는 듯 마는 듯

짧지도 길지도 어중간한 너
이쪽저쪽 눈치만 살펴
엉거주춤 따라가네

이쁜 다리 휭하니 돌아와
엉거주춤 밀어붙이니
마지못해 한 걸음

더 짧은 다리 데려가면
혹시나 돋보이려나
애써 데려가네

크고 작고 뚱뚱 날씬
저마다의 모습으로
토닥토닥 재깍

바삐 어쩌면 느긋이
키 다른 어깨동무
미련도 없어

도자기

도자기 축제를 다녀온 집사람
찻잔을 하나 사 왔다

예쁘지 않냐고 묻는다
글쎄… 난 글쎄인데

몇 번을 더 물으니
답이 "예쁘다"인 것 같다

남 눈에 이쁜 것이
내 눈에 아님을 인정

내 눈에 이뻐 보여도
남 눈에 아님도 수용

집사람 눈에 이쁜 것이
내 눈에 아니어도

그 같은 모양이 내 입에서
이뻐야 할 때가 있다

그래서 도자기는
두리뭉실하다

끝자락

눈 녹아 젖은 길을
바퀴 눌린 길 따라
얼굴 붉힌 꽃눈이
점점이 살랑이네

맞서오는 바람에도
움츠리지 않았고
스며드는 소리조차
굳이 담지 않았더니

봄이 오는 소리마저
나를 비껴가는 듯
문밖을 나서지 않으니
저 먼저 들지도 않네

저 울타리 너머에서
배회하는 봄을 보고
손 흔들까 망설이다
신발 끈 고쳐 매고

담장 넘어 떠난 마음
허둥지둥 쫓아가니
계절의 끝자락에
무른 흔적만 남기네

떠난 벗에게

오랜 벗이 훨훨 날아
여기를 버렸다

남겨진 이 외면하고
서둘러 떠났다

미련조차 털어내고
남기지 않았다

지금에서 통곡하니
듣는 이 없었다

식탁 위에 덩그러니
그림만 남았다

허망함과 아쉬움에
손 편지 태운다

좋은 술 허름한 안주
찾아두고서

어느 날 내가 보이면
손짓하게나

비가 오는 날

어릴 때는
비 오는 날이 반갑지 않았다
손꼽던 일들이 비로소 불허되었고
할 수 있음이 많지 않아서였기도 하고
비를 피해 하고 싶음이 많기도 했던 때였다

젊은 날에도
비는 그리 반갑지 않았다
적잖은 일정들을 미루게도 했고
예정된 일들을 서로 얽히게 하였으니
비 없는 밖으로 제비처럼 날아다니던 때였다

지금 나에게
비는 또 다른 모습이다
농심이 섞여 든 탓도 있지만
비 내리는 날의 여유로움이 생겼고
비와 함께하는 일들이 많아졌음이다

무심히
창밖을 보는 시간이 좋아졌고
빗물 따라 씻겨 보낼 것들이 생겼고
소맥 한잔이 기분 좋게 떠오르기도 하고
비와 커피 한잔의 궁합도 느낄 수 있음이다

격렬히
바닥을 깨우는 빗줄기를 보며
여전한 듯 아닌 듯한 세월 속에서
미처 살피지도 느끼지도 못한 사이에
같은 것에서 다른 것을 보는 눈이 생겼다

어느덧
느긋함이 서두름을 앞서가고
비와 함께 스며듦이 많아지니
잠시 멈추어 비 내림을 바라보면서
예전과 지금 비 사이에 다름을 누린다

와운시춘(臥雲視春)

말년을 조용히 들여다보다가
민트에 이름 하나 걸어두고
커피를 볶고 나무를 다듬어
세월을 잊는다

잡초도 날벌레도 손님이니
드나드는 이 적지 않다
담벼락도 없고 대문도 없으니
그저 맞이하고 보낼 뿐

내려앉은 까치 한 마리
설익은 대봉을 숙성시키고
아지랑이 눈보라 스쳐 가니
나도 따라 여물어간다

구름 위에 누워서 봄을 들여다보니
봄은 왔다가 또 오는구나
봄 속에서 가을을 보니
와운시춘이라 이른다

두 번째 출산

첫 번째 출산으로
아이를 내어놓고

낳아 안고 어루만져
모양을 가꾸더니

세상 밖으로 보내는
두 번째 출산

아이의 첫 출산 때
산고가 있다면

두 번째 출산 후에
설레는 기다림

세상 밖 첫 월급날
무심히 지나면

살피지 못한 서운함
아이의 몫이라

여 n 야

함께하나
공생은 저어하고

제 세상엔
무작정 바꾸고

남 세상엔
기회만 살피고

하루는
웃으며 손 맞잡고

일상은
앞담과 뒷담으로

상식은
도무지 말아먹고

밥그릇만
알뜰히 챙기시는

백성살이
도대체 눈에 없고

개그맨들
밥그릇 앗아가는

그들만의
가위 바위 n 보

태우 형

강산이 두 번인가
아니 더 흘렀지

사뿐 탁탁 체육관
셔틀콕 날리다가

집 가는 길 들르던
선술집 그곳에

우리의 젊은 날들
그렇게 남겨두고

바람 따라 어느 날
남해에 내린 형

달처럼 해는 가고
불쑥 어느 날

기약 없이 만나도
여전한 그 얼굴

고맙기도 반갑고
그래서 즐겁고

지나온 날들처럼
지나갈 날들도

그리움 짜릿하게
그렇게 푸르게

날 월 연 그리고
남해 앵강연화

형 육십 선물로
속마음 전하네

더불어 바라보며
찬찬히 가자고

* 어느 11월 마지막 날, 앵강연화에서

시 공모전

어느 날 외출에서 돌아온 아내
시집 한 권을 들고 왔다

당신도 시 공모전 응모 어때요
라고 슬쩍 말을 던진다

공모전 될 리도 없거니와
되어도 짐인 것을

명함의 무게로 흔들리는 마음
글을 만들려 할지도

그냥 문득 생각나고 느낄 때
펜이든 자판이든

빈 마당에 돌 던지듯 튕겨두고
가지런히 세우는 즐거움

그래서 공모전은 못 하는데
어쩌면 안 하는데

그래도 이것저것 물으면서
하얀 관심 보이고

저녁 준비 바쁜 아내 뒤에서
퉁겨진 돌을 세우네

써야 하기에 쓰는 건 아니지
쓰고 풀 때 쓰는 거지

2부
마음으로 보다

참 좋은

너에게는 참 좋은
나에게 아닌

나에게는 참 좋은
너에게 아닌

누군가의 꽃이거나
사람이거나

다름을 인정하니
참 좋아지는

그것이 꽃이거나
사람이거나

선택

산수유 아지랑이
코스모스 굳은 상고대

살아감의 가지 위로
옹이처럼 박힌 선택들

어떤 책을 펼칠지
어떤 인연을 만들지

어떤 일을 하려는지
아이는 몇이고 싶은지

이루거나 좌절커나
내 색으로 덧칠하고

시작과 끝은 필연
그중은 선택의 이음

피어남이 그러니
이쁜 옹이로 다듬어

하늘 땅 무지개
내 것으로 엮어야지

그냥 하는 말

아닌 줄 알면서도
갖고 있지 못해
하는 말

답 없는 줄 알면서
망설이다가
하는 말

그래도 친구이니
드러내 보이는
속마음

공감은 하면서도
할 말이 없어
듣기만

듣고만 있어서
그게 답인걸
조랑말

망설이다가

이 길을 갈까 망설이다가
가지 않았어

한 길을 접고 옆쪽 길에는
들지 않았지

쌍갈래 길에서 멀어질수록
웃지 않았어

다시 그곳 찾으니 세월이
같지 않았지

귀퉁이에 오래 두는 만남
결코 없었어

놓쳐버린 시간과 공간들은
벌써 없었지

망설임의 끝에 오는 미소
차마 없었어

누워 그림만 그리다 잠도
들지 않았지

저녁 식사

내일 저녁에 같이 식사할래요?
저는 상관없습니다

내일 식사에 그분도 초대할까요?
저는 괜찮습니다

내일 메뉴는 삼겹살로 할까요?
저는 뭐든 상관없습니다

내일 저녁에 시간은 6시로 할까요?
저는 아무 때나 괜찮습니다

내일 저녁은 더치페이로 할까요?
괜찮은 것 같습니다

'괜찮습니다'보다 나은 대답은
저는 좋습니다

'아무 상관 없습니다'보다는
아주 좋습니다

모두가 즐거운 저녁 식사는
'좋아요'가 시작이지

늘 다니는 길

늘 다니는 길은 편하다
가끔은 조금 돌아도 그 길로 간다

늘 만나는 사람도 편하다
때로는 소통 없이 서로를 이해한다

편한 길도 눈 감고는 못 다닌다
눈을 뜨고 감은 듯이 다닐 뿐이다

늘 다니는 길일수록 천천히
알아도 모른 듯이 공감하며 걷자

늘 편한 사람일수록 조용히
낮추어 귀를 열어 배려하며 듣자

회상

쭈뼛쭈뼛 주변을 서성여
십 원 동전을 받아 쥔 날
왕구슬 사탕 입에 물고
온 동네를 돌아다녔지

친구라도 오시는 날은
놓칠 수 없는 날이었어
할 얘기라도 있는 듯
어설프게 칭얼대었지

어쩌다 짜장면집 가던 날
터지는 기쁨 애써 감추고
실없이 웃으며 또 먹었지
난 그냥 막내였어

대학 시절 알바비 받은 날
그곳 복덕방을 지나다가
친구들과 막걸리 드시라
이만 원을 드리고 나왔어

훗날에 돈 많이 벌어서
더 맛난 것 사드리려 했지
대학을 졸업하려던 그해

아버지는 말없이 떠나셨지

차례상 맛난 음식 올려도
말없이 짓는 흐뭇한 미소
이미 마주할 수 없으니
기다리지 않음이야

비우면 채우고

익혀서 쌓임보다
잊혀서 빠짐이 많아

총총하던 눈빛
어느덧 침침해져

돌아서지 않아도
까마득히 깜박깜박

한 손을 채우고
빈손을 바라보니

순간을 잊어도
잊은 걸 잊어버려

세월을 보고도
비켜서지 못하니

비우면 채우고
채우면 비우면서

그냥 또 그렇게
봄 여름 가을 겨울

야누스

살면서 행함에
선택할 수 있는 일들과
선택할 수 없는 일들이 있음이라

선택할 수 없는 일을 운명이라 하고
선택할 수 있는 일을 기회라고 여기지만
운명과 기회는 한 몸의 두 얼굴

무대에서 내려보면 기회가 있고
등 돌리면 운명이 있으니
주인공은 바로 당신

야누스의 얼굴에서
변검처럼 운명을 내치고
기회의 검보로 무대를 꾸미라

두 발 딛고 지키든 문을 열어
저 밖의 대지로 내디디며
삶을 증명하라

운명의 등에는 기회가 있음을
무대는 우리들의 것이나
주인공은 바로 당신

아픔이 남아

다 알 수 없으니
모름을 인정

다 할 수 없으니
못함도 인정

내가 가진 것은
그대로 인정

내가 안 가진 것
당연히 인정

인정함이 없으면
배움이 없고

진실을 외면하면
아픔이 남아

늘 잘할 수 없고
다 알 수 없지

과함과 모자람

과함이 좋은 것이 있으니
미소가 넘치는 것은
주변이 밝아지니 좋고
듣는 것의 과함은
생각이 맑아지니 좋고
독서가 과함은
마음을 살찌우니 좋아

모자람이 좋을 때 있으니
친절은 살짝 모자람이
오해를 만들지 않아 좋고
소맥은 약간 부족할 때
다음을 기약하기 좋고
먹는 것을 조금 아끼면
몸을 놀리기에 참 좋아

넉넉한 돈 나쁘지 않으나
모자란 듯 씀이 좋고
건강은 과함이 좋으나
부족한 듯 운동함이 좋고
공감은 과함이 좋으나
배려는 절제함이 좋으니
과함과 모자람 사이의
적절한 밀당이 가장 좋아

세월과 동행

별들에 밀린 해가 빠지고
그 별도 자리를 내어주니
붉은 태양은 어김도 없어

기지개를 켜려니 밤이었고
등불을 켜려니 날이 밝아
쉬어감도 서두름도 버리고

무심히 세월에 눈 돌리니
멍한 벽에 걸린 달력은
저 혼자 덩그러니 지난달

한 장 두 장 털어내고
가지런히 고쳐 세워도
눈길조차 주지 않네

불쑥 붙잡아도 재촉해도
늘 자기 뜻대로 흐르니
맞추어 묻어갈 따름이네

시원섭섭

시원섭섭하지?
시원섭섭하지요?
시원섭섭할 것 같아요?

조금 이른 퇴임에
곁에 있는 벗들에게
참 많이 받은 인사이다

그냥 그래요
크게 섭섭한 건 없어요
묽게 희석해서 답을 건넨다

남의 뜻이 아닌
오로지 내 의지인걸
서운함이 없어서 서운하다

인사로 건넨 질문에
살포시 한숨 죽여 대답하니
시원섭섭하지는 않아요라고

숙제

이름만으로도 무겁다

가방을 들기 전부터
숙제란 걸 알았다

밀쳐두면 찜찜하고
마치면 개운함

가방을 내려놓았다

숙제 없는 날은
허전하게 불안하다

받기만 하다가
주기도 하고

마지막 받아 드는
약속 정직 배려

꾹 눌러쓰지 않고
가슴에 담는다

그냥 흘려

삶이 어찌 흐를지
아무도 몰라

웅크리고 있어도
시계는 돌아

지금 그냥 여기
웃으며 흘려

눈물을 흩뿌려도
느림은 없어

폭소를 내던져도
서두름 없어

보채거나 달래도
멈추지 않아

무심으로 흘리고
여기를 살아

리더의 길

자전거를 타는 것처럼
부지런함이 다리에 있고
좌우의 균형은 양손에 두고
앞뒤를 살핌은 두 눈에 맡기고

늘 치우침이 없이
때로는 힘차게 느리게
과함도 부족함도 경계하여
세심히 살피는 육안과 심안으로

늘 평지만 간다면
무릇 바람이 적겠지만
때로는 오르막도 내리막도
그 안에 잠김이 리더의 길이다

혼자인 시간도 있고
더불어 가는 시간도 있으니
자기 것을 내세울 수 있음에도
늘 전체를 먼저 바라볼 수 있어야

말하기보다는
듣는 시간이 많아야 하고
말함에는 행함이 따라야 하니

신중함과 진정성이 함께여야 한다

사람을 보고 일을 볼지
일을 보고 사람을 바라볼지
리더의 길은 차마 여럿이겠지만
나는 일을 먼저 보면서 사람을 그린다

화초 가꾸기

정원의 꽃이나 들풀도
저마다의 향기와

보이는 모습 그 안에
감춰진 얼굴

아름다운 장미의 가시
탓하지 않아

가시나무를 곱게 감싼
장미의 향기

서둘러 눈에 드는 것은
그대로의 피상

찬찬히 가까이 멀리서
어루만지며

마음의 눈으로 맡아봐
삶은 화초이니

문밖으로

무릎으로 온 바닥을 기었으니
어린 날의 상처 없는 이
어디 있으리

일어서 걷기는 하였으나
잡아 주는 손 없는
아픔 안고

온몸으로 문을 두드리며
모질게 내던진
날들이여

끈적이는 슬픈 아픈 기억
알록달록 보자기에
곱게 싸매어

묻거나 닫거나 외면커나
지난했던 날들에
빗장 채우고

문밖으로 문밖에서
철커덩철커덩
문을 닫아

못 먹는 것과 안 먹는 것

못 먹는 것이 많다는 것은
입이 즐겁지 않음이니

안 먹는 것이 많다는 것은
살핌이 많다는 것이다

할 수 없음이 많다는 것은
생각이 많다는 것이니

안 하는 것이 많다는 것은
배려가 많다는 것이다

못 먹는 것과 안 먹는 것
할 수 있는 것 없는 것

이런 공간 저런 시간에
맞추어 행하는 것이니

할 수 있으나 안 하는 것이
여유롭고 넉넉하며

먹을 수 있으나 안 먹는 것이
조금 더 배부르다

뛰다가 걷다가

벚꽃 휘날리든 어느 날
누워 있다가 앉는다

앉아 있다가 일어서서
걷다가 뛰다가

뛰다가 문득 걷다가
눈에 들어온 의자

그 의자에 기대어
앉으니 눕는다

누워서 가만 돌아보니
지나갈 날들

마땅히 지금이 그때고
여기가 그곳이라

뛰다가 때로는 걷다가
쉬어 가다가

절류

버들가지를 꺾는다
하나 둘 셋
나도 꺾인다

봄날에 물 주고
작은 잎 견주며
무성해진 가지들

여름 가고
겨울 오려니
요란하기 그지없다

어느 가지는
자라서 멀어져도
늘어져 곁에 머물고

어느 가지는
스스로 저만치
해를 쫓아가네

때가 되면
막 때가 되니
버들가지를 꺾는다

일번지 교육

교실 문을 열고 들어서니
아이들은 조용히 눈길을 주고
선생님의 분주한 손길은 멈춤이 없어

책장을 넘기며 목청 높이니
공책을 당기며 볼펜을 움켜쥐는
입과 귀는 이번지 교육의 충실한 종

종소리 울리면 울다가
또 종소리 울리면 웃다가
울다가 웃으며 엮어가는 교실 모습

의미 없는 책과 공책
행하는 부모의 모습에서
느낌으로 새겨지는 일번지 교육

일번지 스승이 되면
말투 하나 발걸음 하나에도
아이들의 눈이 따라오고 있음을

이번지로 들기 전에
감히 가정을 일번지라 받드니
젊음아 일번지에 정성을 쏟으시라

물 물

에메랄드 물빛이 좋으나
때로는 흙탕물도 의미가 있다

맑은 물에서 놀 때는
마음이 더불어 맑아져서 좋아

흙탕물에서 놀고 나면
그대로 씻어내는 배움이 있어

의지로 찾아가는 맑음
어쩌다 만나게 되는 흙탕물

찾아가고 마주치며
구겨지고 씻기고 맑아지고

물 없이 못 살아도
물속의 삶도 쉽지는 않아

배움이 목말라도
굳이 흙탕물 찾지 않으니

마주침은 어쩌리
긴 시간 머물지는 말아야지

변명

말투가 어찌 그러셔
반말도 온 말도 아닌 것이

어라 그러고 보니
내 말투 들어 본 적이 없네

서양학에 빠져서
참 오랜 시간 허우적였나

이름 부르고 불림에
진심으로 익숙해져 버렸어

이름이 불릴 때
그 쫑긋한 편안함 때문에

민낯으로 다가서려
서둘러 네 이름 불렀으니

속 보일 시간도 없이
저 속을 다 안 듯했었니

변명처럼 속삭이네
내려보려 했음이 아니라

동문서답

동쪽 문을 두드리니
서쪽 문이 대답하고

망설이다 던졌건만
가차 없이 내두르네

무심하게 바라보니
태연하게 받아치고

모범답안 찾기보단
오답으로 응수하네

벗이라면 그런 거지
헛웃음이 수긍이지

토닥토닥 두드리며
아옹다옹 헤아리지

뜬금없는 동문서답
아름답기 그지없지

이별

내 나이 아홉
갑작스러운 이별
어머니였지

스물일곱 그날
준비 안 된 이별
아버지였어

내 나이 몇에
세 번째 이별은
그게 나란 걸

봄 길 걷다가
겨울바람 세차도
오고 가는 것

또 다른 어느
아홉에 스물일곱
그날이 오면

흐뭇한 미소로
아름다운 동백꽃
떨구어야지

Like or Love

꽃밭에 꽃을 두고
함께 즐기면

꽃밭의 꽃을 꺾어
책상에 두면

눈길이 쏠릴 때
흐뭇하면

관심이 쏠릴 때
맘 시리면

연애사에 Love는
고추냉이

젊은 날에 Like는
솜사탕

이 시절 저 시절
다 지나 보면

Love인 듯 Like
Like인 듯 Love

어느 날 문득

어느 날 문득
누워 있는 나를 본다

햇살이 그리워
자리를 밀어 보니

팔 힘은 있으나
다리가 못 버티네

어느 날 문득
그런 날 오기 전에

부지런히 걷고
때로는 뛰어도 보자

볼 수 있다는 것
걸을 수 있다는 것

리본이 떨어지고
포장지가 해어져도

지긋한 눈빛으로
선물처럼 어루만지자

3부
여행지에서

독 산행

너에게 때때로 나에게
그들에게

무시로 보조를 맞춤이
우리의 일상

어느 걸음에 맞추어도
여운이 남아

독 산행을 찾는다

홀로 산행을 하니
느긋하게 바쁘다

가다가 서다가 또
쉬어 감으로

세월의 흐름 가운데
너를 보면서

저만치 독 산행에서
나를 살피니

* 청량산 겨울 산행 중에

두미도

어망 채울 맘 없이
비울 곳을 찾아서
길을 나섰다

물보라 뒤로한 채
뱃전에 기대서니
조급함이 춤을 춘다

마침내 다다르니
넉넉한 미소와 투박함
비워도 채워지는 여유로움

섬이 섬일 때 섬인 것을
수 형과 영 누이
두미를 다듬네

목난로에 동백 떨어져
붉은 꽃을 피우니
시린 마음 뚝뚝 떨어지고

잠시 몸을 맡기러 왔다가
마음도 못 챙기고
그 섬을 떠나네

* 통영 두미도에서

여행의 기쁨

한쪽 발이 들리면 이미 시작이라
그냥 내려놓음은 드물어

이리저리 지구본을 돌려보다가
손끝이 멈추는 그곳에

스멀스멀 꽃향기처럼 피어오르는
세 가지 기쁨이 있으니

손끝 멈춘 곳에 눈길을 보태어
책 읽으며 앎을 쌓으니

여행을 떠나기 전 미리 만나는
첫 번째 기쁨

같음과 다름을 맞춰 가면서
배낭을 벗 삼으니

여행지에서 비로소 만끽하는
두 번째 기쁨

집 떠날 때 덜 뜬 마음만큼
멀어지면 그리움

마침내 집에서 내려놓을 때
세 번째 기쁨

하여 몸 닿는 곳곳에 있구나
여행의 기쁨

정낭과 정주석

정낭 하나 걸치고
마을 어귀 서성이다가

정낭 둘 걸쳐두고
임의 향기 찾아 나서니

정낭 셋을 두는 마음
그대 쫓아 먼 길 떠나네

이룰 수 없는 사랑
비비추가 맺어준 인연

정낭과 정주석은
이별 없는 연인이어라

정주석의 그리움
정낭의 외로움 품으니

안으로 걸어둔 셋
영원히 머물고 싶어라

* 제주도에서

해운대

갈매기 여럿
백사장에 내려앉아

그중 몇몇은
꾸럭꾸럭 인사하고

어떤 하나는
먼 바다를 바라보네

휘익 빵 조각
거침없이 달려들고

미동도 없이
뒤처진 눈동자엔

무심한 질투
마른 시기 어리네

그들이 살고
우리도 사는 곳에

허전한 상처
별처럼 새겨졌네

낙엽

감갈색 연분홍 치마
바싹 여윈 얼굴로

그대 오는 씽 소리에
떠날 채비 하더니

임의 품에 몸을 맡겨
휘휘 돌아 올라

추억도 함께 거두어
온 곳으로 가네

겨울바람 흥에 겨워
덩달아 휘파람

너는 알고 있구나
또 다른 봄을

낙엽에 손 흔들어
나를 알리네

서호시장

밀물 같은 그리움
통영의 미소

꿈처럼 밤을 타고
새벽을 여니

멸치 한치 할머니
분주한 손길

꿀빵과 충무김밥
눈치만 보고

흩뿌려 유혹하는
시락국 내음

맛깔스런 정겨움
그곳에 있네

뜨끈히 속 데우고
첫 배에 올라

봉긋이 솟은 섬들
품에 안기어

무심히 던져두고
나를 건지려

여기나 저기나

일어나면 밥을먹고
피곤하면 잠이들고

불편하면 찡그리고
즐거우면 환히웃고

아이들은 엄마손을
젊은아빠 짐을들고

혼자일땐 새침데기
여럿이면 수다쟁이

시골장터 소박하나
백화점은 번들번쩍

파란색은 지나가고
빨간색은 멈춰서니

여기가나 저기가나
사는모습 매한가지

정처없이 길떠나도
두려울거 하나없네

수화

상하이역으로 가는 지하철 안
수화하는 네 사람을 보고 있다

그중에 둘은 대화를 나누고
한 사람은 화상통화 중이다

감정표현이 불꽃놀이 같다
통화 중에도 무지개색뿐이다

문득 듣지 못하는 나를 그려보니
그들처럼 즐겁게 살아지겠지 싶다

대화하는 두 사람도 신이 났다
수화는 슬픈 표현이 없나 보다

말하는 이는 소리 없이 신이 났고
듣는 이는 말도 없이 공감한다

넷 중에 한 사람은 휴대폰과 논다
휴대폰 있는 세상이 다행이다 싶다

바라볼수록 측은한 맘이 들다가
한 소리 듣는다, 말만 많은 너희들

황산에 오르다

먼지 털듯 잠을 털고
신발 끈도 당겨 엮고

후앙산도 식후경이라
이것저것 챙겨 넣고

황산 남문 뒤로하고
운곡사에 올랐더라

운무 사이 우두커니
외로운 너 몽필생화

배운정아 내 절 받고
저 비구름 물려다오

대협곡 북에서 드니
한 폭 두 폭 산수화

남쪽 끝에 이르러서
진경임을 깨닫고는

곡저서 천해로 올라
마침내 영객송 영접

옥빙루 지나 자광각
너와 함께 일곱 시간

꿈길처럼 걷다 보니
해는 어느새 중천에

시후

원래가 바다와 한 몸이었거늘
당나라 백거이의 백제와
송나라 소식의 소제가
너를 빚었구나

네이풍타 바오추타 거느리고
단풍 같은 배들을 담으니
산도 바다도 없거늘
인산인해로고

시후에 인사처럼 배에 올라
미끄러지듯 빠져드니
그 품에 푹 잠기어
무념무상이라

돌아서 작별을 고하려 하니
틈도 없이 눈길 보내와
차마 발걸음 못 떼고
눈치만 살피네

파란 신호등

가을 하늘 맑아진 신호등
바삐 걷는 종종걸음 노부부

무심히 앞서가는 할머니
촘촘히 뒤따르는 할아버지

할머니 양손의 짐 덜어주려
굽은 허리 더 굽혀 내민 손

뒤돌아보는 것도 잊은 듯
또박또박 앞서 걷는 할머니

아마도 저 부부 젊은 날에
할머니 뒤처져 홀로 걸었나

토끼와 거북이처럼 살다가
세월 흘러 자리가 바뀌었네

신호등이 파란 날들 동안에
나란히 함께 걸을 수 있다면

* 상하이 루쉰로드에서

밤 열차

덜커덩덜커덩 흔들흔들
정적을 부수는 기적 소리

창밖 어둠이 익숙해지니
여린 전등은 낯설어지고

앉거나 눕거나 잠든 사람
한가득 열차 안엔 정적뿐

층층이 늘어선 침상 위엔
저마다의 사연이 누워있고

꿈과 희망 담은 보따리들
깊은 밤으로 달리는 열차

마침내 멈추어 설 그곳이
짙은 어둠의 종점이겠지

* 둔황으로 가는 야간열차에서

월아천

서에서 동으로 동에서 서역으로
사막에도 길을 트니 비단길이라

둔황에서 남북으로 갈라지니
크게 번성한다는 의미였어

바람 따라 노랫소리 일어나니
고비사막의 서쪽 끝에 명사산

눈 녹아 흐른 물로 솟아올라
수백 년 그곳에 머무는 그대

푸른 반달눈으로 미소 지으며
목마른 수도승과 인연을 맺고

그 많은 대상과 날짐승 들짐승
말동무로 생명수로 공양했으니

끝없는 자비 부처가 따로 없네
어제도 오늘도 월아가 생불이야

* 고비사막의 월아천에서

막고굴

336에 승려 낙준의 눈에 들어
사막에 처음 토굴이 열리니

주에서 한당송원명청과 함께
천년의 세월을 이어왔네

상 좌우 오백에 이르는 석굴
그 온화한 불상과 벽화들

무엇을 구하고 또 빌었을까
구도자는 깨달음을 청하고

더불어 범인은 복과 안녕을
그리고 건강을 빌었겠지

두 손을 모으고 고개를 숙여
오면 가고 가면 오는 동안

대불은 고개 한번 끄덕임 없이
중생을 바라보며 미소만 짓네

* 둔황의 막고굴에서

어느 거리에 앉아

낯모르는 거리에 앉아
눈을 비우고 바라본다

먹거리 봉투를 든 사람
휴대폰을 보며 걷는 사람

엄마 뒤를 촐랑이는 아이
힘겨운 오르막의 자전거

흰 구름은 멈춘 듯 흐르고
살랑이는 바람 뺨을 스쳐

조급함도 나태함도 버리고
바람처럼 없는 듯 있는 듯

시곗바늘 거슬러 밟고 돌아
대륙에 남긴 자국 스물아홉

호수에 작은 돌 하나 던지고
잔잔한 여운을 배낭에 담아

일대일로 열차에 몸을 싣고
남으로 남으로 발길 돌리네

* 중국 쿤밍의 어느 거리에 앉아

메콩강

말은 없어도
뜻하는 것은 있는지

저리도 묵묵히
한쪽으로만 흐르네

티베트에서 일어나
베트남에 이르기까지

어부에 농부까지
가진 것 다 내어주고

탁하게 흐리어
그 속을 가리는 것은

빈속을 감추어
人의 慾을 경계함이라

짧은 쉼도 없이
어찌 저리 이어 가는지

메콩을 바라보며
상념의 차 한잔 올리네

* 라오스 루앙프라방에서

동심으로 가는 길

방비엥 블루라군에 왔어
물에 발을 담글 생각 없이
즐김을 보면서 즐기고자 했지

숲은 어우러져 우거지고
그 가운데 물은 맑은 푸름
고기들은 여기저기 어울리고

짧게 치장한 사람들은
나무에 또 그 나무 발판에
아이 어른 할 것 없이 올라

주저주저하는 아주머니
씩씩하게 뛰어내리는 아이
한껏 멋 부려도 그냥 아저씨

아래서는 뛰어봐 소리치고
위에서는 긴 호흡만 내쉬고
마침내 첨벙 물보라 물개박수

동심으로 돌아가는 길은
나를 잊은 우리일 때 열리지
가마득한 기억 속의 날들처럼

수족관

눈이 큰 아이 작은 아이
긴꼬리 짧은 지느러미

홀쭉하고 뚱뚱하고
빨간 노랑 줄무늬

쏜살같이 달리거나
두리둥실 다니거나

부딪힘도 없어라
위로 아래로 옆으로

고래상어 곁을 따르는
덩치 큰 작은 입 몇몇

대양을 건져와 담은
연못을 들여다보니

다름을 인정하는
맑은 상식과 배려

아마도 저 연못에
정치꾼은 없는 듯

* 오키나와 추라우미 수족관에서

인도의 거리

끊임없이 거친 경적들
들이밀어 바로잡는 질서
툭툭, 바이크, 릭샤, 사람들

소들도 가끔은 좌측통행
한가로움 넘치는 견공들
그 눈빛에 담긴 공허함

아무렇게나 생겨난 오물
일상인 듯 보태는 사람들
비둘기만 얄밉게 자유비행

미로 같은 골목길 호객꾼
맨 하늘과 땅을 막 벗어난
담벼락에 기대어 선 천막들

무심한 듯 흘깃 스쳐보며
그 안을 걷고 있는 이방인
알듯 모를 듯한 카타르시스

* 인도 델리의 거리에서

그들의 삶

참 이해 안 되다가
마침내 이해하는
그들의 삶

멀리서만 보려다가
가까이서 보니
달리 보여

안경을 쓰고 보다
맨눈으로 보니
또 다르네

보이는 그들의 삶
오색 주머니 속
첫 구슬

안경을 내려놓고
하나둘 꺼내며
교감

지금의 삶이란 게
저마다 일터
공감

그에게 나도 그들

어떤 눈으로

느낌

* 필리핀 클락의 워킹스트리트에서

릭샤

꿈은 저 높은 곳에
저 먼 곳에 있는가 했더니

저 먼 곳이 아니라
보이지 않는 곳에 있었네

매일을 저리 달려도
꿈은 또 저만치 앞서가네

앞만 보는 무표정함
가까워도 보이지 않는 꿈

날 선 다리 심줄에서
불끈불끈 솟아오르기를

릭샤 그들의 꿈은
지나쳐 가는 오토릭샤

* 인도 올드델리에서

목욕탕

발 담그고 두런두런
몸 담그고 이런저런

십칠 세기 무굴제국
알몸으로 나눈 얘기

어느 자식 황제 될까
황실 얘기 나눴을까

바람 타고 날아오는
저잣거리 얘기였나

가면 없이 나눴으니
가볍지는 않았겠지

물이 마른 목욕탕에
차곡차곡 쌓인 먼지

세월 따라 씻기어도
목욕탕은 알겠거니

* 파키스탄 Shahi Hammam(황실목욕탕)에서

갠지스에 발 담그고

히말라야 만년설이
녹아내려 흐르는 강

정화와 용서의 여신
어머니 젖줄인 강가

그곳에 발 담으면
어떤 생각 떠오를까

전생에 난 뭐였을까
후생에 난 뭐가 될까

아무리 생각해 봐도
뭐 하나 잡히지 않아

이천오백 동남으로
스쳐 가는 인연 보며

고요히 지금에 앉아
물욕만 흘려보낸다

* 인도 북부 리시케시 갠지스에서

타지마할

그리움이 이슬처럼
뚝뚝 떨어져 굳어버린

야무나 강변의 추억
순백의 사랑 타지마할

함께한 열아홉 해
스물두 해의 공을 들여

어여삐 빚어낸 돔
뭄타즈의 뽀얀 젖가슴

아그라 성벽 넘어
하염없이 바라보다가

한 줌 재가 되어
마침내 그대 곁으로

지하에 잠든 사랑
끊임없는 질투의 발길

전설인가 했더니
보고서도 믿지 못하네

공존 바라나시

해맑은 아이의 미소
검은 두 손을 내민 늙은이

어슬렁이는 짐승들
아무 관심 두지 않는 휴먼

걸친 것 하나 없는 사두
하나도 버리지 못하는 나그네

가트의 혼잡 편안함
강가 저편의 삭막 고요함

시바와 아르띠뿌자
몸 씻는 자와 씻어야 하는 자

장작더미에 누운 몸
눈물 없이 배웅하는 가족

끊임없이 이어지는 발길
시나브로 끊어지는 인연들

낮과 밤의 동행
물끄러미 바라보는 Ganga

4부
저 푸르른 날의 습작

초행

두려움과 아쉬움으로
먼 길을 떠났더니

앞은 뵈지 않고
되돌아본 길은 구불구불

홀로 감에 바람이
기어코 속삭임은

저 강 건너 산 너머는
희망의 땅이라네

* 1989

눈

파란 가슴으로 하얀 마음 품으니
하늘도 반기는 듯 송이 눈이 내리네

사철나무 이파리는 눈꽃을 피웠고
파르르 떨리는 나무도 외투를 입었네

가까우나 머나 선명하던 수평선은
오늘따라 하얀 커튼을 드리우고

분주한 길거리 오가는 거리마다
내딛는 걸음에는 눈들이 따르네

달리는 차창엔 아이의 모습인지
추억에 잠긴 할머니의 모습인지

오로지 어렴풋한 형상만이
저 깊은 곳의 추억처럼 흐리네

오목조목 뭉쳐 던져본 눈송이
눈 속의 눈을 가르며 나아가니

녹아 지면 또 쌓이는 눈처럼
그리움 겹겹이 눈처럼 쌓이네

* 1989

기다림

뒹구는 낙엽이 이별을 예고하듯
그렇게 가을은 찾아왔고

흐르는 이슬방울 훔치며
우리 다시 만남을 다짐했다네

이 겨울 쌓여 가는 눈의 깊이는
가슴속 그리움에 미치지 못하고

대지 위에 피어나는 아지랑이는
꽃들과 더불어 희망을 노래하네

내리쬐는 여름날의 열기로도
가슴속 우정을 달구지 못하고

하나 남은 옛 추억을 떨구며
여린 바람 조금씩 차가워지니

또 해가 바뀌어 겨울이 오면
얼어붙은 대지를 감싸주듯이

움츠린 내 가슴은 기다림으로
차가워진 마음에 온기를 보태고

천지가 푸르름으로 가득 차올 때
내 마음은 설렘으로 가득 차오네

우리의 옛 얘기가 여름을 엮었듯이
추억을 파고드는 것은 그리움뿐이네

들려오는 풀벌레 울음소리는
나와의 이별을 슬퍼하는지 기뻐하는지

눈 녹은 산골짝에서 물들이 속삭이니
봄이 오는 길목에서 우리 다시 만나세

* 1988

러브체인

둘이서 마주 보며 엮어가는
끈질긴 생명력이란

마치 눈에는 뵈지 않는
무형의 탑과 같으니

하나가 시들어 버리면
남은 잎도 쉬이 빛바래

때때로 물만 먹고 살아도
마주 보며 항상 즐거우니

가진 것 없어도 풍요로운
언제나 푸르른 러브체인

때때로 함께하는 외유는
창틀에 다소곳이 올라서

해님 바라보며 한번 방긋
얼굴 붉힘이 전부이지만

둘이서 하나임에
아름다운 러브체인

* 1989

미래에 부침

밝은 빛을 처음 대하던 날
내 눈에 담긴 것은
포근함과 인자함이었지요

오로지 재롱과
울음 중 조그만 하얀 이
내가 가진 전부였어요

때로는 적잖이 성가심도
어쩌면 실망하심도
미소로 넘기셨지요

그리고 나누어 주셨죠
사랑과 정과 따스함
가지신 모든 것을

철이 들어 세상을 알고
그 의미를 되새기니
받은 만큼 내려 주라는

그분이 남기신 사랑은
내리사랑 그것이었지요
오늘도 나는 기다립니다

* 1989

병장의 눈물

먼 하늘 바라보며
눈가에 맺힌 이슬방울
고향의 부모님이 그리워
떠난 임이 가슴 아파
흘리는 눈물 아닐 것입니다

부닥쳐 온 일들이 고달파
닥쳐올 일들이 두려워
흘리는 눈물 아니리라
전역의 봉우리에 우뚝 선
감격의 눈물일 것입니다

한 번은 지나야 하는
그 문을 들어섰을 때
밀물 같던 그 두려움
헤치고 나아온 지난날
참으로 자랑스럽습니다

지그시 감은 두 눈
구불구불했던 시간들
미소로 피어오르고
불끈 쥔 두 주먹은
그대로 신념입니다

두 팔 활짝 편 그대
세상 저 밖에서
태양 같은 가슴으로
젊음을 불태우시라
오늘도 그리고 내일도

* 1989, 전역 병장에 헌시

하루살이의 변

서산의 봉우리가
해를 잡아먹고는
어둠 속으로 숨어들고

일렁이는 파도는
붉게 물든 정열을 토해
그 무리에 몸을 맡긴다

어둠을 파헤치고
뒤엉킨 열정을 일깨워
고개 들어 곧게 디디고

푸른 대지에 노를 젓는
어부의 팔뚝에서
우리의 의미를 찾는다

태양 아래 바로 그곳
어부는 온 마음을
배와 바다에 두고

하늘 아래 그 어느 곳
또 누군가를 위한 배는
그렇게 그 자리에 있어

단 하루를 살아도
지금 이곳에 나의 일이
이 시간에 내가 있음이

해와 달이 인사를 나눌 때
나도 따라 손 흔들며
서산 넘어가지만

되돌아 미소를 남기며
오늘 하루도 감사한
나 하루살이

* 1989

아빠의 편지

아들아!
먼 후일 나는 들려줄 테다
아빠의 얘기를,

그리고 너에게 이렇게 들려주고 싶구나
너의 오른손에는 너의 삶이
너의 왼손에는 네 주위 사람들의 행복이
쥐어져 있다고

나는 네가 이 세상에서
가장 멋진 사내가 되어 주었으면 좋겠구나
멋이란 남자들만이 가지는 것이란다
흔히들 얘기하는 그러한 멋이 아니지
사나이다운 멋 바로 그것이란다

그리고 네가 하고자 하는 것은
무엇이든지 해보아라
이루지는 못해도 네가 최선을 다한다면
아빠는 기뻐할 거란다

정말 힘들고 어려운 일이 생기거나
너 홀로 판단하기에 힘든 일은
아빠에게 한 번쯤 귀띔해 주려무나,

그러면 아빠는 이렇게 대답해 줄 거란다
결코 한 길만을 보여주면서
그 길로 가라고 하지는 않을 것이다
이러한 길과 저러한 길 그리고
또 다른 길이 있는데
선택은 네가 해서 걸어가라고
그것은 바로 너의 인생이기 때문이다

한 번의 실패는 부끄러운 것이 아니란다
네가 잘못된 길을 갔더라도
다음 선택에서는 그 길로 가지 않을 것을
아빠는 믿고 있단다

그리고 항상 정직하여라
어느 누구에게 어떠한 얘기를 하더라도
결코 숨기지 말아라
정직한 이유로 인하여
때로는 네가 순간의 육체적 고통을
겪을 수도 있지만
마음의 병은 그로 인해 지워진단다

때때로 너는 순간과 영원함 가운데
하나를 택해야 하는 시간들이 있을 것이다
너는 순간과 영원함 가운데 영원함을 선택하는

현명한 나의 아들이 되었으면 좋겠구나

아들아!
일을 하게 될 때에는
힘든 일과 편한 일을 가려가며 행하려
하지 말아라
네가 힘든 일을 할 때에는
그보다 더 힘든 일이 무수히 많다는 것을
생각하고
편한 일을 할 때에는
더욱더 성의를 가지고 행하여라

네가 비록 가진 것이 없다 하더라도
결코 슬퍼하거나 불행하다고 생각지 말아라
이 세상에 존재하고 살아 숨 쉬는 그 자체로
크나큰 만족을 가져야 할 것이다
왜냐하면 살아 숨 쉬는 한 너는
무엇이든 할 수 있기 때문이다

행복이란, 너의 주위에 길 위에
나무에도 지붕에도 버스 안에도 쌓여 있지
이러한 것을 많이 주워 담는 사람이 바로
행복한 사람이란다
행복은
우리들 마음 가운데 있는 것이기 때문이다

아빠는 항상 웃음이 있는 가정을 만들고 싶구나
너와 내가 다리를 펼 수 있는 공간이 있고
바라볼 수 있는 천장만 있는 곳이라면
언제나 웃으며 살고 싶단다

누구나 한 번뿐인 삶을 살지
사람은 누구나 노동을 하고
그 대가와 보람으로 하루하루를 살아가는 거란다
단지 펜으로 노동을 하는 사람들이 있고
발로 노동을 하는 사람들이 있다는
정도의 차이는 있지만
노동에 부여되는 가치는 꼭 같은 것이란다
그렇기에 직업에는 귀천이 없는 것이지
다만 보다 나은 생활환경을 만들기 위해서는
보다 많은 노력을 해야 할 것이고
항상 노력한 만큼의 대가만을 기대하여야 한다
너의 삶도 마찬가지로
성실히 노력한 만큼을 영위하게 될 것이다

어떠한 어려움에 부닥치더라도
할 수 있다는 용기를 가져라
너의 곁에는 아빠가 서 있을 것이고
보다 많은 사람들이 너를 지켜보고 있단다

너의 육체적 능력에 한계가 있다면
너의 정신적 능력은 무한한 것이란다

그러므로 어떠한 비바람도 이겨낼 수 있는
강한 정신력을 가져야 할 것이다

인내의 의미는 스스로 배우도록 하여라
처음부터 끝까지 참는다는 것만이
그 의미의 전부는 아니란다
때로는 처음부터 끝까지 참아야 하는 일이 있고
그렇지 않은 일도 있단다
그러므로 처음부터 끝까지 인내해야 하는 것은
인내하고,
그렇지 않은 일에 부닥쳤을 때는
그렇지 않게 행동하여라
그리고 그 두 길의 가운데에 네가 섰을 때에는
인내하는 쪽을 택했으면 좋겠구나

항상 지금에 만족하고
지난 일을 잊지는 말며
내일을 생각하는 삶을 살았으면 좋겠구나

아들아!
먼 후일 태어날 아들에게
아빠가 들려줄 이야기를 미리 적어 남긴다
미래의 아빠가 미래의 아들에게

* 1989

A Letter To Son

Son!
I will tell you someday
my story and life,
And I will let you know
your life is in your right hand.
In your left hand,
is the happiness of the people around you.

I want you to be
the most handsome guy in the world.
Only the best guy can be handsome.
"Handsome"doesn't mean what people usually say, but handsomeness itself.

And try to do whatever you want to do.
Even though you fail sometimes,
I will be happy if you do your best.

When you face a difficult problem
or hesitate what to do,
Just give me a slight notice.
Then I will answer you like this,
I will never say that you must go

the way I tell you.
There are various ways leading to the answer in life.
You have to choose by yourself
because it's your own life.
No need to be ashamed of the first mistake in a new field because you will never repeat it,
I believe.

And be honest all the time.
Do not try to hide anything when you share something with others.
Honesty can sometimes bring you physical pain for a while, but the mental agony disappears from the moment.
Sometimes you will have time to choose
between a moment and an eternity.
I'd like you to choose the latter,
to be my son of wisdom.

Son!
When you work, do not distinguish an easy one from a hard one.
When you do a hard work,
do not forget that it could be harder.

When you do easy work, pay sincere attention to it.
Even though you have nothing, never be sad and in despair.
The fact that you exist in this world is the biggest gift for you.
Because, as long as you are alive
you can try to do everything you desire.

Happiness is around you, in the street,
on the trees, over the roof, on a bus.
The person who collects it all around is happy.
Because happiness is just in our mind.
Daddy likes to make a home full of laughter, create a space large enough for us to lie down together.
A ceiling covering us could make us laugh all the time, I believe.

Each person has only one life.
Everybody has to labor.
One must live on the reward of their labor day by day.
Some are called white collar workers;
others blue collar.

There may be an external difference between them,
but the value given to those labors is the same.
Therefore, all jobs are equally honorable.
But to achieve better living conditions,
you need to do your best, put your plans into practice.
Always expect to get the reward of your own labor.
Your life will be full of what you plan and act.
You will have the result equal to your labor.

When facing any difficult problem, be courageous and endure it.
I will stand beside you.
Many more people are watching you.

You are limited in your physical ability,
but your mental capability is limitless.
Therefore, you should have strong enough mental power to beat any difficulties.

Try to figure out the meaning of "patience"by yourself.
"Patience"doesn't mean that you should

be patient from the beginning to the end.
You should endure some pains wholly,
whereas sometimes, you don't need to do so.
Therefore, you should make up your mind on your own which ones to endure forever, and which ones to ignore.
When you are in the middle of those two roads,
I hope you will choose the road to "endure".

Always be satisfied with "now", do not forget the past, And think of the future.

Son!
I am marking my words, waiting for the son who may come to me.
From your future daddy,

* I wrote this in 1989, 23 years old, in the army, single.

에필로그

아빠에게,

교직 생활 30년의 완성을 축하드려요.
30년은 한 세대가 만들어지고, 한 세대가 바뀌는 시간이지만, 아빠는 그 시간 동안 새로이 돋아나는 새싹을 맞이하고 가꾸는 큰일을 이루셨어요.
그리고 처음 그 시작을 했던 그 나이에 제가 도달하고, 저 또한 30살이라는 나이에 가까워지니 비로소 그 자리를 온전히 응시할 수 있는 눈높이에 이른 것 같아요. 그래서 "어른"은 당연히 존재하는 상태가 아니라 만들어지는 것, 그리고 저절로 만들어지지 않는다는 것을 느꼈어요. 하지만 아빠는 항상 어른이었던 것 같아요.

저는 아빠가 여태껏 부당하게 다른 사람을 미워하거나, 작은 이익을 앞세우는 모습을 보지 못했고, 감정을 앞세우거나 비굴한 모습을 보지 못했어요. 제가 아는 한은, 주변 사람과 속한 사회 속에서 책임을 다해온 사람이 아빠라는 거예요. 아직은 짧은 인생 경험이지만, 나이가 많아도 눈살이 찌푸려지는 사람은 도처에 있죠. 각자 자신의 삶을 사는 것이고, 굳이 남을 깎아내릴 필요는 없지만 반짝이는 사람은 빛을 비춰서가 아닌 스스로 잘 닦아서 반짝인다고 생각해요. 청년은 물리적 나이로 규정되는 것이 아닌, 태도로서 나타

난다는 말이 있어요. 계속해서 책을 읽는 모습, 커피를 볶고, 밭을 가꾸고, 악기를 배우는 모습은 늘 열정에 가득 찬 모습이었고, 바로 그런 모습이 제가 따라가고 싶어 하는 모습이기도 해요.

그리고 그게 비단 최근의 일도 아니에요. 미국 유학을 가기로 선택하고, 예전부터 배낭여행을 기획하고, 나모웹에디터로 홈페이지를 만들던 아빠의 모습들. 아마도 제가 조금이라도 남들로부터 좋은 평가를 받을 수 있는 자질들을 갖고 있다면, 바로 그런 모습들을 보고 커서 그런 것이 아닐까 생각을 해요.
30대, 40대, 50대, 그 각각의 시간에, 언제나 아빠는 세대와 생애주기의 식상한 전형의 이미지를 비껴가며, 요즘 말로 cool & chic하게 사뿐사뿐 삶의 길을 걸어왔어요. 언제나 아저씨보다는 선생님이고 또 청춘이었어요.

저는 어릴 때 방 안에서 혼자 노는 것을 좋아했고, 무엇인가 시도하는 것을 주저하는 때가 많았던 것 같아요. 흔히들 말하듯 소심했죠. 이제는 어디를 가도 밝고 친화력이 좋다는 말을 듣고, 시도해 보고 싶은 게 있으면 꼭 해보는 사람이라는 평가를 받아요. 아빠가 크게 저를 터치하지는 않았지만, 꽉 막힌 아저씨 대신 청춘으로 남아 있으시니 저도 느리지만 계속해서 그 지점에 다가가며 자랄 수 있지 않았을까 생각해요.

고등학교, 대학, 그리고 지금 여기 로스쿨까지, 주변을 돌아보면 기회와 여건이 주어지지 않아 날개를 펴보지 못하는 아이들이 많아요. '꿈'이라는 것은 특별한 것이 아니라, 현재와 다름을 상상할 수 있는, 여기와 다른 어떤 곳으로 나아가고 싶을 때 그것을 좇을 수 있는 의지인 것 같고, 그것이 제가 받은 가장 큰 선물인 것 같아요. 그러니 아빠 덕분에 제가 여기 이렇게 있어요. 남들보다 확신을 갖고 살아온 아빠이지만 이 몇 마디 글들이 또 하나의 쐐기이자, 닻이자, 이정표가 되었으면, 그리고 혹시 필요하다면 용기가 되었으면 해요. 퇴직을 축하드리고, 앞으로도 청춘이자 영원한 선생님으로 남아있길 바라요.

2023. 8. 31.
존경을 담아, 아들 **최민열**